Ich geh jetzt in die Schule - Das Liederbuch

18 neue Lieder für Vorschulzeit, Einschulung, Grundschule und erstes Lernen

Das Liederbuch mit allen Texten, Noten und Gitarrengriffen zum Mitsingen und Mitspielen

Neue Kinderlieder von Stephen Janetzko

Copyright © 2017 Verlag Stephen Janetzko, Erlangen
www.kinderliederhits.de
Alle Lieder verlegt bei Edition SEEBÄR- Musik Stephen Janetzko, Erlangen
Online-Shop im Internet unter **www.kinderlieder-shop.de**
Coverzeichnung: Ines Rarisch - Covergrafik: Stephen Janetzko
Notensatz, grafische Vorbereitung und Idee: Stephen Janetzko
All rights reserved.

ISBN-10: 3957222354
ISBN-13: 978-3-95722-235-0

Alle Rechte vorbehalten.
Dieses Werk ist urheberrechtlich geschützt. Jegliche Vervielfältigung und Verwertung ist nur mit Zustimmung der Autoren bzw. des Verlags zulässig. Das gilt insbesondere für Übersetzungen, die Einspeicherung und Verarbeitung in elektronischen Systemen sowie für das öffentliche Zugänglichmachen wie zum Beispiel über das Internet. Ein Nachdruck oder eine Weiterverwertung ist nur mit schriftlicher Genehmigung des Verlags möglich.
© Verlag Stephen Janetzko, **www.kinderliederhits.de**

Inhaltsverzeichnis

Lied:	Seitenzahl:
An meiner Schule ist es schön *(ABC - Zahlen - Tonleiter)*	3
Polizei + Feuerwehr *(110 und 112 - Das Notruf-Lied)*	4
Sag hallo zu Nessie *(Nessie-Lied)*	5
Say hello to Nessie *(Nessie-Song)* – *englische Version*	6
Ich geh jetzt in die Schule *(Meine Schulfächer)*	7
Wir sind Deutschland *(Deutschland-Lied mit allen Bundesländern)*	8
Die Uhr, die hat drei Zeiger *(Zeiger, Zeiger, dreh dich!)*	9
Das ist das Jahr *(Die Monate)*	10
Süßes oder Saures *(Halloween-Lied)*	11
Zwölf Kinder hat das Jahr *(Der Jahreskreis)*	12
Eins, zwei, drei, komm und zähl mit mir! *(Der Zahlenmeister und die Zahlen von eins bis zwölf)*	13
Eine Eins ging mal spazieren *(Die Zahlen von eins bis vier)*	14
Ich treibe Sport *(Das Sport-Lied - Die Sportarten)*	15
What kind of sport do you like? – *englische Version*	16
Der joggende Elefant *(Das Anzieh-Lied - Die Kleidungsstücke)*	17
The joggin' elephant – *englische Version*	18
Ich spiele heut ein Instrument *(Lied von den Instrumenten)*	19
Has, Has, erzähl mir was! *(Ostern und der Osterhase)*	20
Kleiner Vogel *(Was mir so gut an dir gefällt - Behinderung, besondere Kinder)*	21
Ich liege auf der Wiese *(Kinder-Entspannungs-Lied)*	22
Tschüs, machs gut, bis morgen *(Tschüs-bis-morgen-Lied)*	23

Die CD zum Buch:
CD Ich geh jetzt in die Schule
- 18 neue Lieder für Vorschulzeit, Einschulung, Grundschule + erstes Lernen
für Kinder von ca. 4-10 Jahren
von & mit Stephen Janetzko

Best.-Nr. 91033-47,
ISBN 978-3-932455-85-8

An meiner Schule ist es schön

Text und Musik: Stephen Janetzko; CD "Ich geh jetzt in die Schule"
© Edition SEEBÄR-Musik Stephen Janetzko, www.kinderliederhits.de

Refrain: An meiner Schule ist es schön, da lern ich manches zu verstehn.
An meiner Schule, sonnenklar, da sind wir füreinander da.

1. A-B-C-D-E-F-G-H-I-J-K, ja, das ist klar!
Lernen wir das Alphabet - wer weiß, wie es weitergeht?

Refrain: An meiner Schule ist es schön...

2. 1-2-3-4-5-6-7
8-9-10, du wirst schon sehn!
Rechnest du auch hin und her -
Zahlen lernen ist nicht schwer!

Refrain: An meiner Schule ist es schön...

3. Do-re-mi-fa-so-la-si-do,
Singen macht mich schlau und froh!
Wenn`s mein Herz zum Himmel zieht,
dann erklingt gewiss ein Lied!

Refrain: An meiner Schule ist es schön...

Spielanregung:
Ein Schullied mit einer Buchstabenstrophe,
einer Zahlenstrophe und einer
Tonleiterstrophe.
Ideal als Klassenlied in der Grundschule,
kann auch zur Einführung der Erstklässler
eingesetzt bzw. aufgeführt werden.

Hinweis: In dieser Notenfassung wurde zum
einfacheren Lernen ein geringerer Tonumfang
gewählt im Vergleich zur Originalversion.

Polizei und Feuerwehr (Das Notruf-Lied)

Text und Musik: Stephen Janetzko; CD "Ich geh jetzt in die Schule"
© Edition SEEBÄR-Musik Stephen Janetzko, www.kinderliederhits.de

Refrain: Tatütata, tatütata! Wenn es mal brennt...

2. Ich hatte einen Traum: Die Katze saß im Baum.
Und wer kam ganz schnell her? Na klar, die Feuerwehr!

Refrain: Tatütata, tatütata! Wenn es mal brennt...

3. Hat's irgendwo geknallt, hat jemand nicht bezahlt,
und ärgert dich ein Hai... kommt gleich: Die Polizei!

Refrain: Tatütata, tatütata! Wenn es mal brennt...

4. In jedem schönen Land hat's auch schon mal gebrannt
Ob Waldbrand oder mehr: Wer kommt? Die Feuerwehr!

Refrain: Tatütata, tatütata! Wenn es mal brennt...

Spielanregung:
Ein Lied zum Lernen und Einprägen der Notrufnummern.
Am Ende der Strophen vor Auflösung der "Rätsel" innehalten
und die Kinder die Lösung rufen oder singen lassen.

Sag hallo zu Nessie (Das Nessie-Lied)

Text und Musik: Stephen Janetzko; CD "Ich geh jetzt in die Schule"
© Edition SEEBÄR-Musik Stephen Janetzko, www.kinderliederhits.de

2. Ein Mönch, lang ists her, ein Mönch, lang ists her,
fürchtet sich nicht mehr, fürchtet sich nicht mehr,
sah vom Seitenrand, sah vom Seitenrand,
wie sie rasch entschwand, wie sie rasch entschwand.
Refrain: Sag hallo zu Nessie...

3. Menschen, fern und nah, Menschen, fern und nah,
jagten Jahr um Jahr, jagten Jahr um Jahr,
mit Schiff und von Land, mit Schiff und von Land.
Keiner Nessie fand, keiner Nessie fand.
Refrain: Sag hallo zu Nessie...

4. Kommst du zum Loch Ness, kommst du zum Loch Ness,
mach den Monster-Test, mach den Monster-Test.
Siehst du Nessie dann, siehst du Nessie dann,
fang zu singen an, fang zu singen an:
Refrain: Sag hallo zu Nessie...

Spielanregung: In den Strophen die Zeilen wiederholen (ideal: Vorsänger und Chor). Im Refrain machen wir gemeinsam folgende Bewegungen:
"Sag hallo zu Nessie" - 3x in die Hände klatschen
"Hals lang" - mit einer Hand am Hinterkopf kurz den Nacken herunter streichen, um die Länge zu demonstrieren
"Kopf klein" - beide Hände auf den Kopf legen, als würdest du ihn zusammenpressen
"lebt allein" - einmal drehen.
Statt "Sag hallo zu Nessie" kann auch "Ungeheuer Nessie" gesungen werden.

Say hello to Nessie (Nessie-Song)

Lyrics and Music: Stephen Janetzko; CD "Ich geh jetzt in die Schule"
© Edition SEEBÄR-Musik Stephen Janetzko, www.kinderliederhits.de

1. (soloist) Down deep from the sea. Came for you and me.
   (all) Down deep from the sea. Came for you and me.
   Nes - sie is her name. I'm her big - gest fan.
   Nes - sie is her name. I'm her big - gest fan.

Chorus: Say hel-lo to Nes-sie. Long neck, small head, she's no pet.
Say hel-lo to Nes-sie. Long neck, small head, she's no pet.

2. A monk brave and dear. A monk brave and dear.
Had not any fear. Had not any fear.
Saw her from the shore. Saw her from the shore.
Long long time ago. Long long time ago.

Chorus: Say hello to Nessie...

3. Many people came. Many people came.
Nessie got her fame. Nessie got her fame.
Monster hunt began. Monster hunt began.
Nessie hid again. Nessie hid again.

Chorus: Say hello to Nessie...

4. Let's go to Loch Ness. Let's go to Loch Ness.
Do the monster test. Do the monster test.
When she's surfacing. When she's surfacing.
We all start to sing. We all start to sing:

Chorus: Say hello to Nessie...

(Instructions to play:
Verses: Repeat all lines, first soloist, then all. If you like, play what the lyrics say.
Refrain: "Say hello to Nessie" - clap your hands together 4x
"Long neck" - stroke along your neck to show its length
"small head" - fold your hands over your head and press down
- as if to shrink your head
"she's no pet" - turn around yourself once)

Ich geh jetzt in die Schule

Text und Musik: Stephen Janetzko; CD "Ich geh jetzt in die Schule"
© Edition SEEBÄR-Musik Stephen Janetzko, www.kinderliederhits.de

Refrain: Ich geh jetzt in die Schule...

1. Zuerst, da lern ich Schreiben, Schreiben, Schreiben.
Zuerst, da lern ich Schreiben, das ist nicht schwer.

2. Danach, da lern ich Lesen ... das ist nicht schwer.
3. Danach, da lern ich Rechnen ... das ist nicht schwer.
4. Danach, da lern ich Malen ... das ist nicht schwer.
5. Danach, da lern ich Turnen ... das ist nicht schwer.
6. Wir sprechen von der Erde ... und vielem mehr.
7. Danach, da lern ich Englisch ... das ist nicht schwer.
8. Danach, da lern ich Flöten (alternativ: Singen) ... das ist nicht schwer.
9. Dann höre ich von Jesus ... und seiner Zeit.

Spielanregung:
Ein Schullied rund um die verschiedenen Fächer, vom Schreiben, Lesen und Rechnen über Malen und Turnen bis zu Musik, Sachkunde, Englisch und Religion.
Während wir beim Refrain mitklatschen, können wir zu den Strophen jeweils passende Bewegungen oder Gesten machen, z.B. so tun, als würden wir mit einem Füller schreiben, die Finger abzählen usw.
Es können auch bei jeder Strophe die vorangegangenen wiederholt werden, so dass das Lied immer länger wird, je mehr Strophen wir singen.
Auch kann man Strophen und Refrain ähnlich wie beim Kanon übereinander singen.
Kennt Ihr noch mehr Schulfächer? Dann erfindet weitere Strophen hinzu!
Auch für Vorschüler zur Schulvorbereitung nutzbar.

Wir sind Deutschland

Text und Musik: Stephen Janetzko; CD "Ich geh jetzt in die Schule"
© Edition SEEBÄR-Musik Stephen Janetzko, www.kinderliederhits.de

Refrain: Wir sind Deutsch-land, du und ich. Wir lie-ben un-ser Land so wie das Licht!
Wir sind Deutsch-land, ich und du. Wir lie-ben un-ser Land, drum hör gut zu:

1. Hoch von Flens-burg bis zum Bo-den-see Son-nen-schein, ge-le-gent-lich auch Schnee.
Links ab Aa-chen, Zit-tau liegt am Rand. Man-ches ist auch uns noch un-be-kannt. Wir sind aus

Bay-ern, Bre-men, Bran-den-burg, Ba-den-Würt-tem-berg,
Ham-burg, Hes-sen und Ber-lin, Meck-len-burg-Vor-pom-mern,
Nie-der-sach-sen, Rhein-land-Pfalz, Nord-rhein-West-fa-len,
Saar-land, Sach-sen, Sach-sen-An-halt, Schles-wig-Hol-stein, Thü-rin-gen!
Refrain: Wir sind Deutschland...

2. Wir sind klasse, lernen viel und schnell,
denn wir wissen, Bildung macht uns hell,
achten Regeln und das faire Spiel.
Wer was kann, erreicht schon bald sein Ziel. Wir sind aus ...
Refrain: Wir sind Deutschland...

3. Unser Land liegt mitten in der Welt.
Kommt, besucht uns, wenn es euch gefällt!
Freundschaft, Freude und auch Selbstvertraun -
habt nur Mut, auf uns, da könnt ihr baun! Wir sind aus ...
Refrain: Wir sind Deutschland...

Die Uhr, die hat 3 Zeiger
(Zeiger, Zeiger, dreh dich)

Text und Musik: Stephen Janetzko; CD "Ich geh jetzt in die Schule"
© Edition SEEBÄR-Musik Stephen Janetzko, www.kinderliederhits.de

Ref.: Die Uhr, die hat drei Zeiger, die messen uns die Zeit.
Sie laufen immer weiter durch die Vergänglichkeit.
1. Der Erste ist der Dünne, der schnellste von den Drei'n.
Er zeigt uns die Sekunden, drum muss er eilig sein.
Zeiger, Zeiger, dreh dich, immer rundherum.
Bist du wieder oben, ist die Minute um.

Refrain: Die Uhr, die hat drei Zeiger...

2. Der Zweite ist der Lange,
kommt weiter Stück für Stück.
Er zeigt uns die Minuten,
geht vor und nicht zurück.
Zeiger, Zeiger, dreh dich, immer rundherum.
Bist du wieder oben, ist eine Stunde um.

Refrain: Die Uhr, die hat drei Zeiger...

3. Der Dritte ist der Kleine,
sieht aus, als würd' er steh'n.
Er zeigt uns jede Stunde.
Auch er muss weitergehn.
Zeiger, Zeiger, dreh dich, immer rundherum.
Bist du wieder oben, ist wieder ein Tag um.

Refrain: Die Uhr, die hat drei Zeiger...

*Spielanregung: Wir stehen im Kreis und fassen uns an die Hände.
Zum Refrain laufen wir im Uhrzeigersinn zur Melodie im Kreis.
Drei Kinder (oder auch alle) können dann in den Strophen die verschiedenen
Zeiger darstellen (bei der Darstellung bitte frei am Text orientieren).
Bei "Zeiger, Zeiger, dreh dich" drehen sich alle mit ausgestreckten Armen im Kreis
um die eigene Achse. Wir können zum Lied auch eine große Uhr z.B. aus Pappe basteln.*

Das ist das Jahr (Die Monate)

Text und Musik: Stephen Janetzko; CD "Viele schöne neue Kinderlieder"
© Edition SEEBÄR-Musik Stephen Janetzko, www.kinderliederhits.de

Januar, Februar, März
öffnen uns das Herz.
April, Mai und Juni
bin ich fit und ruh' nie!
Juli und August
hab ich keinen Frust.
September und Oktober,
November und Dezember.
Wie es auch war:
Das ist das Jahr!

Süßes oder Saures (Halloween-Lied)

Text und Musik: Stephen Janetzko; CD "Herbst, Halloween & Laterne" & CD "Ich geh jetzt in die Schule"
© Edition SEEBÄR-Musik Stephen Janetzko, www.kinderliederhits.de
Tempo: ca. 180

1. Ein-und-drei-ßig-ster Ok-to-ber, wenn es dun-kel wird, wer-den al-le Geis-ter mun-ter, noch be-vor es friert.
Al-le dür-fen sich ver-klei-den, grus-lig in der Nacht. Und mit uns-rer Geis-ter-ban-de wird Ra-batz ge-macht! Refrain: Wir ru-fen: Sü-ßes o-der Sau-res! Heut ist Hal-lo-ween! Füllt ihr uns-re Tü-te, wolln wir wei-ter-ziehn!

2. Unsre Nachbarn haben uns wohl so noch nie gesehn
denn zum Fürchten sehn wir aus, ganz einfach schaurig schön.
Wir gehen jede Haustür ab und kommen auch zu dir.
Wenn es klingelt, sei bereit, denn Geister, das sind wir!

Refrain: Wir rufen: Süßes oder Saures! ...

3. Ja, du musst dich jetzt entscheiden, du hast nicht viel Zeit,
denn wir wollen weiterziehen in der Dunkelheit
Wenn du uns zurückweist, spielen wir dir einen Streich
Darum würd ich dir empfehln: Beschenk uns gut und reich!

Refrain: Wir rufen: Süßes oder Saures! ...

Spielanregung:
Ein Lied für alle Kinder, die am Halloween-Abend von Tür zu Tür
ziehen, um ihre Süßigkeiten-Taschen füllen zu lassen. An der Haustür
kann einfach der Refrain gesprochen oder gesungen werden!

Zwölf Kinder hat das Jahr

Text: K. Bucher; Musik: Stephen Janetzko; CD "Ich geh jetzt in die Schule"
© Edition SEEBÄR-Musik Stephen Janetzko, www.kinderliederhits.de

Refrain: Zwölf Kinder hat das Jahr, die sind `ne muntre Schar.
Es klopft, das zweite...

2. Dann folgt der Februar, mit einer Narrenschar.
Er feiert lustig Fasenacht, tanzt auf den Tischen, dass es kracht.
Bei jedem Maskenball marschiert er durch den Saal.

3. Nun kommt auch schon der März, ihm wird ganz warm um`s Herz.
Er küsst geschwind den Frühlingswind und lockt mit Sonne jedes Kind.
Der März macht Wiesen grün und lässt die Blumen blühn.

4. Schrill naht dann der April. Ja, der macht, was er will.
Frech spritzt er alle glitsche-nass. An Regenschauern hat er Spaß.
Er treibt`s von Stund zu Stund, wenn`s sein muss, kunterbunt.

5. Nun kommt der holde Mai, geschmückt eilt er herbei.
Er pflückt `nen Wiesenblumenstrauß und legt ihn Mutter vor das Haus.
Der Mai will fröhlich sein und tanzt gern Ringelreihn.

6. Der Juni tritt nun ein. Er liebt den Sonnenschein.
Den Himmel malt der Juni blau. Was wächst, im Wald, weiß er genau.
Ganz leis summt er ein Lied, wenn man ihn wandern sieht.

7. Der Juli zieht ins Land, er ist schon braun gebrannt.
Vom Tal steigt er zu Bergeshöh und schwimmt im klaren Baggersee.
Gern fährt der Juli Rad, mit Schwung von Dorf zu Stadt.

8. Danach kommt der August mit stolz geschwellter Brust.
Er träumt den schönsten Sommertraum mit Kindern unterm Lindenbaum.
Wird`s mächtig schwül und heiß, schenkt er uns Himbeereis.

9. September ist jetzt hier, er wirbelt durch die Tür.
Wenn hoch im Wind sein Drachen steigt, hat sich das Jahr schon weit geneigt. ie Äpfel knackig, rund, färbt der September bunt.

10. Oktober ist nun da. Vom Waldesrand, ganz nah,
da leuchten Blätter, bunt und schön. Die Farbenpracht müsst ihr mal sehn.
Oktober liebt den Wind und pflückt das Obst geschwind.

11. November sagt "hallo!" und macht die Kinder froh,
weil er die Kerzen leuchten lässt am Abend beim Laternenfest.
Er kocht für uns auf Wunsch `nen leckren Früchtepunsch.

12. Dezember schneit herein, da freun sich Groß und Klein.
Er singt so manches Weihnachtslied und bringt bestimmt Geschenke mit.
Im Flug, ja, es ist wahr, vergeht im Nu ein Jahr!

Schlussrefrain: Zwölf Kinder hat das Jahr, die sind `ne muntre Schar.
Jetzt kennt ihr alle ziemlich gut, kaum haben sie sich ausgeruht,
kommt schon ein neues Jahr, mit seiner Kinderschar.

Spielanregung:
"Zwölf Kinder" kann u. a. auch als Singspiel aufgeführt werden. Die Kinder können die Szenen dabei sehr gut darstellen. Die einzelnen Kinder (Monate) warten vor der Tür. Das Lied beginnt mit dem Refrain, der nach jedem Vers gesungen wird. Im Refrain wird immer weiter gezählt "Es klopft, das zweite, dritte usw. Kind ist hier...", bis sich schließlich alle zwölf Monate vorgestellt haben. Als "Finale" wurde ein gesonderter Refrain gewählt, mit dem das Lied (Spiel) endet. An dieser Stelle wird es bei entsprechender Inszenierung des Stückes recht bunt auf der Bühne aussehen.

Eins, zwei, drei, komm und zähl mit mir!
(Das Zahlenlied von 1 bis 12)

Text und Musik: Stephen Janetzko; CD "Ich geh jetzt in die Schule"
© Edition SEEBÄR-Musik Stephen Janetzko, www.kinderliederhits.de

2. Nein, ich bin nicht gern allein
und ich zähl auf euch.
Habt ihr Lust, zählt einfach mit,
das ist wirklich leicht!
Meine Welt ist voller Zahlen,
komm und zähl mit mir!
Komm und zähl mit mir!

Refrain.

3. 20 - 50 - 100, mehr,
es geht schnell voran.
1000 gute Gründe, ich
fang von vorne an!
Meine Welt ist voller Zahlen,
komm und zähl mit mir!
Komm und zähl mit mir!

Refrain.

Spielanregung:
Ein Zahlenlied vor allem zum Üben der Zahlen von eins bis zwölf.
Ein Kind kann z.B. der "Zahlenmeister" sein und beim Refrain seine Freunde abzählen.

Eine Eins ging mal spazieren

Text und Musik: Stephen Janetzko; CD "Ich geh jetzt in die Schule"
© Edition SEEBÄR-Musik Stephen Janetzko, www.kinderliederhits.de

1. Ei-ne Eins ging mal spa-zie-ren, woll-te nicht al-lei-ne sein.
   Da-rum lud sie sich zum Spie-len ei-ne zwei-te Eins sich ein.
   Nun wa-ren es schon zwei, doch es geht noch wei-ter!

2. Nun die beiden wollten Kinder, eins plus eins sind ja nur zwei.
   Als neun Monate vergangen, kam das Baby schon herbei.
   Nun waren es schon drei, doch es geht noch weiter!

3. "Drei, mein Schatz, sind viel zu wenig, unser Kind ist ganz allein.
   Hätten wir doch noch ein Baby, könnten wir wohl glücklich sein"
   Nun waren es schon vier, doch es geht noch weiter!

4. Die Familie wurde größer: Vater, Mutter, Tochter, Sohn,
   Hund und Katze, Maus und Hamster. Sag, wie viele sind das schon?
   Vier Menschen und vier Tiere, doch es geht noch weiter!

5. Als die Kinder groß geworden, lebten sie nicht mehr zu Haus.
   Auch die Tiere zogen langsam, aber sicher wieder aus.
   Nun waren`s wieder zwei, doch es geht noch weiter!

6. Als die Zwei gestorben war, da blieb die Eins allein zurück.
   Einst wird ihre Zeit auch kommen und vollenden dieses Glück.
   Eins minus eins ist gar nichts, null und nullzig, fertig, aus!

Spielanregung:
Ein einfaches Zahlenspiellied zum Lernen des ersten Zahlenraums von
null bis vier bzw. acht mit erster Addition und Subtraktion.
Während alle das Lied gemeinsam singen und so die Erzählerrolle einnehmen,
können bis zu acht Kinder (als Vater, Mutter, Kinder und Tiere) das Lied spielen.
Alternativ können wir auch mit den Fingern beim Singen mitzählen.

Ich treibe Sport (Das Sport-Lied)

Text und Musik: Stephen Janetzko; CD "Fußball-Lieder für Kinder"
© Edition SEEBÄR-Musik Stephen Janetzko, www.kinderliederhits.de

2. Ich mag Tennis... gern.
3. Ich geh schwimmen... überall.
4. Ich spiel Basket-... Basketball.
5. Und ich jogge... durch den Wald.
6. Ich geh reiten... auf `nem Pferd.
7. Ich will skaten... in der Pipe.
8. Ich mag skifahrn... wenn es schneit.
9. Ich kann springen... hoch und weit.
10. Ich fahr Fahrrad... jederzeit.

Spielanregung: Im Refrain mitklatschen.
In den Strophen die jeweils genannten
Sportarten imitieren.

Mögliche weitere Strophen:
11. Ich will tauchen... tief im Meer.
12. Ich geh klettern... dicht am Berg.
13. Ich mag rudern... auf `nem Boot.
14. Ich spiel Hockey... auch auf Eis.
15. Ich geh segeln/surfen... auf dem See.
16. Ich mach Fitness... immerzu.
17. Ich geh schlafen... jede Nacht.

Weitere Sportarten nach Belieben:
z.B. Squash, Badminton, Schach, Polo, Kricket,
Golf, Tischtennis, Handball, Volleyball,
Gewichtheben, Schlittenfahren, Spazieren usw.

What kind of sport do you like?

Lyrics and Music: Stephen Janetzko; CD "Fußball-Lieder für Kinder"
© Edition SEEBÄR-Musik Stephen Janetzko, www.kinderliederhits.de

2. I like soccer, soccer, soccer,
I like soccer for my team...

3. I like swimming, swimming, swimming,
I like swimming in the pool...

4. I like basket-, basket-, basket-,
I like basket-, basketball...

5. I like jogging... in the spring
6. I like riding... on a horse
7. I like skating... in the sun
8. I like biking... all around
9. I like diving... in the sea
10. I like skiing... from a hill
11. I like lifting... heavy weights
12. I like climbing... up a tree

13. I like walking... in the woods
14. I like jumping... really high
15. I like hockey... green and white*
16. I like rowing... in a boat
17. I like cricket... with my friends
18. I like surfing... on the waves
19. (I) Like to work-out... in the gym
20. I like sleeping... in my bed

*(hockey/ice-hockey)

Instruction for the moves:
Refrain: Clap your hands together.
Verses: Imitate the different types of sport.
Choose your favourites. Of course, you can add more kinds of sport, e.g. playing squash, playing badminton, chess, polo, golf, table tennis, handball.

Der joggende Elefant

Text und Musik: Stephen Janetzko; CD "Ich geh jetzt in die Schule"
© Edition SEEBÄR-Musik Stephen Janetzko, www.kinderliederhits.de

1. Ich kenn' nen Elefant, und der treibt so allerhand.
Mann, oh Mann, oh Mann, oh Mann. Mann, oh Mann, oh Mann, oh Mann.
Geht gar nicht gerne in den Zoo, und drinnen langweilt er sich so.
Will nicht zuhause hocken, nein, er geht lieber joggen.
Und dann fängt der Jogging-Spaß schon an! Oder?
Refrain: Muss mich nochmal ansehn. So kann ich nicht rausgehn. Ich bin ja halbnackig. Zieh mich an ganz zackig!

2. Wie zieht der Elefant nur die Jogginghose an?
Mann, oh Mann, oh Mann, oh Mann. Mann, oh Mann, oh Mann, oh Mann.
Er schaut in seinen Kleiderschrank und setzt sich auf die Küchenbank.
Er zieht die Hose über und läuft zum Sportplatz rüber,
und dann fängt der Jogging-Spaß schon an! Oder? (Refrain)

3. Wie zieht der Elefant nur die Joggingsocken an?
Mann, oh Mann, oh Mann, oh Mann. Mann, oh Mann, oh Mann, oh Mann.
Er schaut in seinen Kleiderschrank und setzt sich auf die Küchenbank.
Er zieht die Socken über und läuft zum Sportplatz rüber,
und dann fängt der Jogging-Spaß schon an! Oder? (Refrain)

4. ... die Joggingschuhe...
5. ... das Jogging-T-Shirt...
6. ... das Jogging-Stirnband...
7. ... die Jogging-Jacke...
8. ... die Jogging-Kappe... (Liste lässt sich beliebig verlängern...)

Schlussrefrain (Elefant): Fertig bin ich - yippieh! Mist, jetzt muss ich Pippi!
Muss ganz schnell aufs Klo gehn! Alles wieder auszieh'n!

Spielanleitung: Einfach dem Text gemäß mitmachen, bei "Mann, oh Mann, oh Mann, oh Mann" stampfen alle auf den Boden. Nach dem Refrain können alle gemeinsam überlegen, was noch anzuziehen ist, dann folgt die entsprechende Stophe.

The joggin' Elephant (Der joggende Elefant)

English Lyrics: Stephen Janetzko/Carmen Reiss (Original German Lyrics: Stephen Janetzko);
Music: Stephen Janetzko; CD "Ich geh jetzt in die Schule"
© Edition SEEBÄR-Musik Stephen Janetzko, www.kinderliederhits.de

1. I know an elephant, he's out of his element.
Golly, golly, golly go! Golly, golly, golly, go! He really does not like the zoo, and being indoors makes him blue. He's no stay-at-home noggin 'cause what he likes is joggin' Rain, sun and the joggin' fun's begun. Really? Chorus: Got to take a quick look. My looks ain't yet so good. I am almost naked. What I need I'll take it!

2. And then the elephant puts his jogging trousers on.
Golly, golly, golly go, golly, golly, golly go.
He opens up his wardrobe and he sits down on the kitchen bench.
The jogging pants, he puts on and hurries to the stadium.
Rain, sun, and the joggin' fun's begun. Really? (Chorus)

3. And then the elephant puts his pair of big socks on.
Golly, golly, golly go, golly, golly, golly go.
He opens up his wardrobe and he sits down on the kitchen bench.
The jogging socks, he puts on and hurries to the stadium.
Rain, sun, and the joggin' fun's begun. Really? (Chorus)

4. ...jogging sneakers... (The jogging shoes...)
5. ...jogging t-shirt... (The jogging shirt...)
6. ...big bandana...
7. ...jogging jacket...
8. ...cap for jogging... (The jogging cap...) ... (...whatever comes to your mind!)

Last Chorus (elephant): I am ready yippee! Blast! I got to wee-wee!
Get off everything quick! Do quick acrobatics!

(Instructions to play: Just do what the lyrics say, to "golly golly golly go..." everybody stomps.
After the chorus together you may think about what to put on further on, then the next verse follows.)

Besondere Wörter und Redewendungen:
"golly" = Donnerwetter! --- "be out of someones element" = sich fehl am Platze fühlen
"stay-at-home" = Stubenhocker --- "noggin" = "Birne" (Kopf) --- "stadium" = Sportplatz

Ich spiele heut´ ein Instrument
(Lied von den Instrumenten)

Text und Musik: Stephen Janetzko; CD "Ich geh jetzt in die Schule"
© Edition SEEBÄR-Musik Stephen Janetzko, www.kinderliederhits.de

Tempo: ca. 120

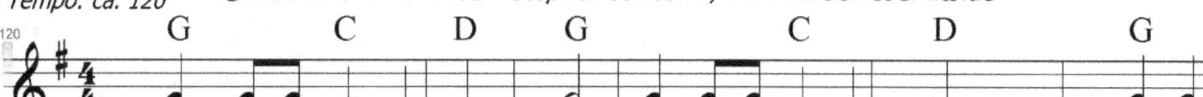
1. Ich spie-le heut ein Ins-tru-ment. Ich spie-le heu-te: (klatsch, klatsch) Gei-ge.

Fi - de - li, und fi - de - la. Fi - de - li, und fi - de - la.

(instr.)

2. Ich spiele heut´ ein Instrument. Ich spiele heute:
Gitarre - schrumm, schrumm, schrumm, und schrumm, schrumm, schrumm
(oder: zupf, zupf, zupf...)

3. Klavier - tip tip tip, tidip tip tip
4. Schlagzeug - pamm, pamm, pamm, padamm pam pam
5. Flöte - flöt flöt flöt, flöt-flöt flöt flöt
6. Trompete - blas blas blas, ich blas und blas
7. Akkordeon - zieh und zah und zieh und zah
8. Xylophon - ping ping ping, ping pingpingping
9. Gesang - lalala, la lalala
10. viele Instrumente/alles zusammen (oder nacheinander)

Spielanregung:
Ein einfaches Lied zum Vorstellen der Musikinstrumente.
In jeder Strophe sucht sich ein Kind ein Instrument aus,
und alle machen anschließend die Bewegungen hierzu mit.
Die angegebenen Instrumente sind nur Beispiele.
Bei "(klatsch, klatsch)" 2x in die Hände klatschen.
Die Instrumentalzeile ist für real vorhandene Instrumente
als kleines Solo gedacht.
Bei Aufführungen in der Musikgruppe oder Musikschulvor-
führungen kann das Lied mit allen vorhanden realen
Instrumenten gespielt werden, zum Schluss spielen dann
alle die Instrumentalmelodie ggf. auch mehrstimmig
zusammen oder improvisieren noch zur Melodie.

Has, Has, erzähl mir was! (Osterlied)

Text: Andrea Lederer/Stephen Janetzko; Musik: Stephen Janetzko; CD "Stark wie ein Baum"
© Edition SEEBÄR-Musik Stephen Janetzko, www.kinderliederhits.de

Refrain: Has, Has, er-zähl mir was von dei-nen bun-ten Ei-ern.
Leg sie ins grü-ne Gras, wir wol-len Os-tern fei-ern.

1. Ich freu mich schon auf Os-tern, wenn die Os-ter-glo-cken blühn.
und vie-le Os-ter-ha-sen dann durch Wald und Wie-sen ziehn.
Sie ha-ben dann so man-ches Ei in ih-rem Os-ter-korb da-bei.
Wenn ich ge-nau hin-schau, seh ich mein Lieb-lings-ei!

Refrain: Has, Has, erzähl mir was...

2. Und zu der Osterfeier laden wir uns Freunde ein.
Wir suchen nach den Eiern, wollen ausgelassen sein.
Die Freude wächst nun Stund für Stund!
Rot, blau und gelb und kunterbunt,
so liegen sie im Nest
für dieses Osterfest!

Refrain: Has, Has, erzähl mir was...

3. Was wir gefunden haben, essen wir mit Freude auf.
Denn bunte Eier schmecken gut und süße Hasen auch.
Ja, Ostern, das liebt jedes Kind,
seht, wie der Osterhase springt!
Und alle, groß und klein,
die stimmen nun mit ein!

Refrain: Has, Has, erzähl mir was...

Kleiner Vogel

Text: Margret Netten, Stephen Janetzko; Musik: Stephen Janetzko; CD "Ich geh jetzt in die Schule"
© Edition SEEBÄR-Musik Stephen Janetzko, www.kinderliederhits.de

2. Kleiner Vogel, siehst die Welt du sicher auch nie im Flug,
doch ich muss staunen, denn du kriegst von ihr nie genug.
Und werden deine Flügel auch niemals völlig heil'n,
will ich deshalb mit dir auch alles teil'n. (Refrain)

3. Kleiner Vogel, deine Stimme ist die schönste für mich,
Was andre sagen, ach, das interessiert uns doch nicht!
Schau, meine Flügel sind doch für mich allein zu groß,
darum bette dich sanft in meinem Schoß. (Refrain)

4. Kleiner Vogel, deine Flügel waren wirklich nie ganz,
heut bin ich glücklich, dass du damals zu mir fandst!
Du machst mein Leben bunter, du machst mein Leben reich,
Komm, wir fliegen zu zweit, dann geht das leicht! (Refrain)

Ich liege auf der Wiese
(Kinder-Entspannungs-Lied)

Text und Musik: Stephen Janetzko; CD "Kindertanz - beweg dich ganz!"
© Edition SEEBÄR-Musik Stephen Janetzko, www.kinderliederhits.de

2. Ich schließe meine Augen und atme tief:
Ein... aus... ein... aus... ein... aus... ein... aus...
Das ist so schön gemütlich, ich bin ganz ruhig und friedlich:
Es geht mir gut!

3. Ich spür die warme Sonne und atme tief:
Ein... aus... ein... aus... ein... aus... ein... aus...
Das ist so schön gemütlich, ich bin ganz ruhig und friedlich:
Es geht mir gut!

4. Ich spür die frischen Gräser und atme tief...
5. Ich fühle mich geborgen und atme tief...

Spielanregung:
Ein Entspannungs-Lied für Kinder für Außen und Innen.
Bitte einen angenehmen und ruhigen sowie möglichst naturnahen Ort wählen
(am schönsten ist es sicher draußen auf einer warmen Sommerwiese).
Die Kinder legen sich auf den Rücken und folgen den Anweisungen
der einzelnen Strophen.
Das Lied kann je nach Alter und Konzentrationsfähigkeit der Kinder
angepasst werden, dies hier ist die auf der o.g. CD verwendete Kurzfassung.
Vorweg und/oder im Anschluss kann eine kleine altergerechte
Fantasiereise gemacht werden.
Evtl. als Abschluss:
6. Ich will mich noch mal strecken und atme tief...

Tschüs-bis-morgen-Lied

Text und Musik: Stephen Janetzko; CD "Ich geh jetzt in die Schule"
© Edition SEEBÄR-Musik Stephen Janetzko, www.kinderliederhits.de

Tschüs, machs gut bis morgen,
mach dir keine Sorgen!
Dass ich wiederkomme,
ist doch sonnenklar!
Und zum guten Ende,
reich mir deine Hände!
Bleib bei guter Laune,
das wär wunderbar!

Spielanregung:
Ein ganz einfaches Abschiedslied z.B. für den Kindergarten oder die Schule zum Mitmachen. Auch für andere Kindergruppen, Spielgruppen und Vorkindergarten einsetzbar.

Zeile 1-2: Mitklatschen
Zeile 3-4: Einander zum Abschied zuwinken
Zeile 5-6: Wir reichen uns die Hände zum Kreis
Zeile 7-8: Fröhlich die gebildete Handkette rhythmisch auf und ab bewegen

---

Stephen Janetzko

(Autor, Liedermacher und Verleger)

Mit einer 20-minütigen MC „Der Seebär" fing alles an, heute sind es weit über 600 Kinderlieder, die der gebürtige Hagener Liedermacher bereits auf über 50 CDs und in zahllosen Liedsammlungen veröffentlicht hat. Viele davon, wie „Hallo und guten Morgen", „Wir wollen uns begrüßen", „Augen Ohren Nase", „Das Lied von der Raupe Nimmersatt", „Hand in Hand" oder „In meiner Bi-Ba-Badewanne", werden heute gesungen in Kindergärten, Schulen und überall, wo Kinder sind.

... mehr Info, mehr CDs, mehr Lieder & Noten:
www.kinderliederhits.de